Ystlumod

Megan Cullis

Dyluniwyd gan Helen Edmonds a Sam Chandler
Darluniau gan Connie McLennan a Sue King
Addasiad Cymraeg: Elin Meek

Ymgynghorydd ystlumod: Dr. Anthony Wardhaugh
Ymgynghorydd darllen: Alison Kelly, Prifysgol Roehampton

Cynnwys

- 3 Byd o ystlumod
- 4 Ar adain
- 6 Cysgu'n drwm
- 8 Cotiau ffwr
- 10 Synhwyro synau
- 12 Bywyd dirgel
- 14 Ystlumod bach
- 16 Bwyta pryfed
- 18 Bwyd melys
- 20 Dŵr yn tasgu
- 22 Wynebau rhyfedd
- 24 Fampir yn cnoi
- 26 Gaeaf oer
- 28 Ystlumod mewn perygl
- 30 Geirfa ystlumod
- 31 Gwefannau diddorol
- 32 Mynegai

Byd o ystlumod

Anifeiliaid sy'n hedfan a dod allan yn y nos yw ystlumod. Mae dros fil o fathau gwahanol o ystlumod yn byw o gwmpas y byd.

Mae grwpiau mawr o ystlumod yn aml yn mynd i hela gyda'i gilydd.

Mae'r ystlum lleiaf yr un maint â chachgi bwm.

Ar adain

Anifeiliaid blewog sy'n hedfan yw ystlumod. Mae ganddyn nhw adenydd o groen tenau.

Ar bob adain, mae bawd fel bachyn. Mae'r ystlum yn ei ddefnyddio i ddringo.

Asgwrn bys

Mae pedwar asgwrn bys hir ar bob adain.

Traed fel crafanc

Cwt

 Mae'r adenydd yn rhwygo'n hawdd ond mae'r croen yn gwella'n gyflym.

Mae ystlumod ag adenydd byr, llydan yn troi ac yn trosi'n gyflym wrth hedfan.

Mae ystlumod ag adenydd hir, tenau yn plymio wrth hedfan.

Cysgu'n drwm

Anifeiliaid nosol yw ystlumod. Maen nhw'n effro yn y nos ac yn cysgu yn ystod y dydd.

Mae ystlumod sy'n byw mewn mannau poeth yn cysgu tu allan i gadw'n oer. Maen nhw'n aros gyda'i gilydd er mwyn teimlo'n saff rhag gelynion, fel adar a nadroedd.

Mae rhai ystlumod yn clwydo mewn ogofâu i gysgodi rhag y gwynt a'r glaw.

Mae ystlum pedol yn dod o hyd i ogof lle gall gysgu.

Mae'n hongian ben i waered o do'r ogof gerfydd bysedd ei draed.

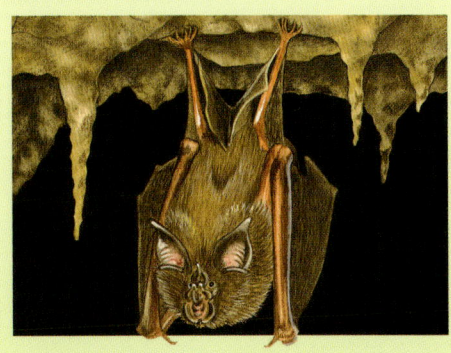

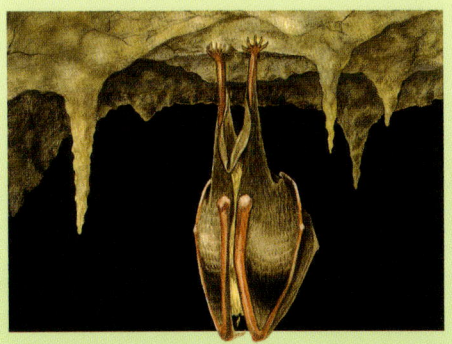

Mae'n lapio'i adenydd am ei gorff a'i ben i gadw'n sych.

Cotiau ffwr

Mae corff pob ystlum yn flewog, ond mae ganddyn nhw fathau gwahanol o ffwr.

Mae gan ystlum Hoary ffwr trwchus, fflwffog i'w gadw'n gynnes pan fydd hi'n oer iawn.

Mae ystlumod yn cribo'u ffwr â'u crafangau i'w gadw'n lân.

Mae gan ystlum ysbryd ffwr arian llyfn a chroen golau.

Mae gan ystlum smotiog ddarnau du a gwyn ar ei ffwr.

Mae dwy linell wen ar hyd cefn ystlum llinellau gwyn.

Synhwyro synau

Mae llawer o ystlumod yn defnyddio eu clustiau yn lle eu llygaid i ddod o hyd i'r ffordd yn y tywyllwch.

Mae ystlum trwyn deilen yn synhwyro pethau drwy wichian yn uchel.

Mae pob gwich yn taro pentwr o greigiau cyn bownsio 'nôl ato.

Wrth glywed y sŵn, mae'r ystlum yn gwybod bod rhaid hedfan dros y creigiau.

Hefyd mae ystlumod
yn gwichian er mwyn
hela am bryfed yn
y tywyllwch.

Mae rhai ystlumod yn gwichian
hyd at 200 gwaith yr eiliad.

Bywyd dirgel

Mae rhai ystlumod yn glyfar iawn am guddio yng nghanol coed, fel nad oes gelynion llwglyd yn eu gweld.

Mae ystlum trwyn miniog yn clwydo ar foncyffion coed. Mae'n anodd gweld ei ffwr brith yn erbyn y rhisgl.

Mae ystlum blaen euraid yn cuddio mewn nythod adar. Mae ei ffwr yn edrych fel mwsogl.

Mae'r ystlumod pabell pitw hyn wedi gwneud cysgod o ddeilen fawr.

Maen nhw'n cnoi ar hyd canol deilen fel bod yr ochrau'n plygu i lawr.

Mae'r ddeilen yn gwneud siâp pabell ac mae'r ystlumod yn clwydo'r tu mewn iddi.

Ystlumod bach

Mae mamau'n aml yn dod at ei gilydd i fagu'r ystlumod bach.

1. Mae'r ystlum lleiaf yn ddall a heb lawer o ffwr pan gaiff ei eni.

2. Mae'n cropian draw at y rhai bach eraill i gadw'n gynnes.

3. Ar ôl rhyw ddiwrnod, mae'r llygaid yn agor a'r ffwr yn tyfu.

4. Ar ôl tair wythnos, mae'r ystlum yn barod i hedfan.

Mae ystlum
ffrwythau bach yn aros yn agos at
ei fam nes bydd yn gallu hedfan.

Bwyta pryfed

Mae llawer o ystlumod yn bwyta pryfed.

Mae'r ystlum pedol hwn yn hedfan drwy'r awyr i hela am wyfynnod.

Mae'r ystlum llwyd yn hedfan yn isel i ddal sioncyn y gwair.

Gall ystlum trwyn deilen ddal pryfed sy'n hedfan heibio.

Gall ystlum ddal gwyfyn rhwng ei adenydd a'i daflu i'w geg.

Mae ystlum Bechstein yn casglu chwilod o ddail coed.

Mae rhai ystlumod cynffon fer yn hela am griciaid.

Bwyd melys

Mae ystlumod sy'n byw mewn mannau poeth yn aml yn bwyta ffrwythau ac yn yfed sudd melys o flodau.

Mae ystlum tafod hir yn chwilio am flodau sy'n agor yn y nos.

Mae'n arogli blodau ac yn hofran gerllaw.

Mae'r ystlum yn tynnu ei dafod allan ac yn yfed y sudd.

Mae ystlumod ffrwythau'n defnyddio eu llygaid craff a'u synnwyr arogli da i ddod o hyd i ffrwythau.

Mae tafod sy'n hirach na'i gorff gan yr ystlum neithdar gwefus tiwben.

Dŵr yn tasgu

Mae llawer o ystlumod yn hedfan dros byllau a llynnoedd i yfed y dŵr. Mae ystlumod eraill yn hela am bysgod.

Mae'r myotis clustiau hir hwn yn llowcio dŵr wrth hedfan.

Mae ystlum Daubenton yn hedfan dros ddŵr i chwilio am fwyd.

Mae'n synhwyro bod pysgodyn yn tasgu dŵr.

Mae'r ystlum yn ymestyn ei draed mawr i mewn i'r dŵr.

Mae'n cydio yn y pysgodyn ac yn ei godi'n gyflym i'w geg.

Wynebau rhyfedd

Mae gan rai ystlumod wynebau rhyfedd iawn.

Mae clustiau enfawr sy'n clywed synau tawel iawn gan ystlumod brown clustiau hir.

Mae swch finiog gan ystlumod trwyn picell er mwyn i'w gwichian swnio'n gliriach.

Mae croen rhychlyd dros wyneb ystlumod wyneb rhychlyd. Does neb yn siŵr pam.

Mae gan yr ystlum pen morthwyl hwn wefusau mawr a thrwyn â ffrilen. Mae'n eu defnyddio i wneud sŵn mawr.

Mae ystlumod wyneb ysbryd yn edrych fel petai eu llygaid yn eu clustiau.

Fampir yn cnoi

Mae ystlumod fampir yn yfed gwaed. Maen nhw'n bwydo ar waed adar, anifeiliaid fferm a hyd yn oed pobl weithiau.

Mae'r ystlum fampir hwn yn dangos ei ddannedd blaen miniog. Mae'n eu defnyddio i frathu drwy groen.

1. Mae ystlum fampir yn dod o hyd i fuwch sy'n cysgu.

2. Mae'n neidio'n dawel ar gorff y fuwch.

3. Mae'n brathu gwddf y fuwch . . .

4. . . . ac yn llyfu'r gwaed yn dawel bach.

Mae ystlumod fampir yn gallu olwyndroi yn yr awyr.

Gaeaf oer

Pan fydd y gaeaf yn oer, mae'n anodd dod o hyd i fwyd. Felly mae rhai ystlumod yn mynd i gysgu'n drwm. Gaeafgysgu yw'r enw ar hyn.

Mae ystlumod bach brown yn cysgu gyda'i gilydd mewn ogofâu oer, llaith.

Mae ystlumod Barbastelle yn cropian y tu mewn i foncyffion coed i gysgu.

Mae ystlumod Pipistrelle yn cysgu mewn waliau hen adeiladau carreg.

Yn y gwanwyn mae hi'n cynhesu ac mae'r ystlumod oedd yn gaeafgysgu'n deffro.

Mae'r ystlum noctule hwn yn gadael y twll coeden lle bu'n cysgu drwy'r gaeaf i hela am fwyd.

Mae rhai ystlumod yn hedfan i le cynhesach i osgoi'r gaeaf oer.

Ystlumod mewn perygl

Mewn rhai gwledydd, mae ystlumod yn diflannu achos bod pobl yn gwneud pethau sy'n gwneud niwed iddyn nhw.

Mae pobl yn torri coedwigoedd i gael pren, ac yn dinistrio cartrefi'r ystlumod.

Ar ôl chwistrellu gwenwyn ar y caeau, mae llai o bryfed i'r ystlumod eu bwyta.

Mae llawer o bobl yn helpu i warchod ystlumod. Mae dros filiwn o ystlumod yn byw'n ddiogel o dan bont yn Austin, Texas, U.D.A.

Mae pobl yn rhoi blychau ystlumod wrth foncyffion coed i wneud cartrefi diogel.

Mae clwydi'n cael eu rhoi ar geg ogofâu rhag i bobl darfu ar yr ystlumod sydd yno.

Geirfa ystlumod

Dyma rai o'r geiriau yn y llyfr hwn sy'n newydd i ti, efallai. Mae'r dudalen hon yn rhoi ystyr y geiriau i ti.

 plymio – hedfan i lawr yn gyflym drwy'r awyr.

 nosol – effro a phrysur yn y nos. Mae anifeiliaid nosol yn cysgu yn ystod y dydd.

 ystlum bach – fel arfer mae'r fam yn cael un ystlum bach y flwyddyn.

 hela – chwilio am anifail, ei ddal a'i ladd, i'w fwyta fel arfer.

 hofran – aros yn yr unfan yn yr awyr drwy guro adenydd yn gyflym iawn.

 swch – gwaelod trwyn a cheg wyneb anifail.

 gaeafgysgu – cwsg hir, dwfn sy'n para drwy'r gaeaf, fel arfer.

Gwefannau diddorol

Os oes gen ti gyfrifiadur, rwyt ti'n gallu dysgu rhagor am ystlumod ar y Rhyngrwyd.

I ymweld â'r gwefannau hyn, cer i
www.usborne-quicklinks.com

Caiff y gwefannau hyn eu hadolygu'n gyson a chaiff y dolenni yn 'Usborne Quicklinks' eu diweddaru. Fodd bynnag, nid yw Usborne Publishing yn gyfrifol, ac nid yw chwaith yn derbyn atebolrwydd, am gynnwys neu argaeledd unrhyw wefan ac eithrio'i wefan ei hun. Rydym yn argymell i chi orchwylio plant pan fyddant ar y Rhyngrwyd.

Mae ystlumod llwyd clustiau hir yn gwrando am sŵn gwyfynnod yn hedfan.

Mynegai

adenydd, 4–5, 7, 17
bwyd, 11, 16–17, 18–19, 20–21, 24–25, 26, 27, 28
clustiau, 10, 22, 23, 31
coed, 12, 16, 17, 26, 27, 28, 29
crafangau, 4, 9
cysgu, 6–7, 26–27
gaeafgysgu, 26–27, 30
gelynion, 6, 12
gwichian, 10–11, 22
ffwr, 8–9, 12, 14
hedfan, 3, 4–5, 10, 14, 15, 16, 20, 27
hela, 3, 11, 16–17, 20, 27, 30
nosol, 6, 30
ogof, 7, 26, 29
pobl, 24, 28–29
pryfed, 11, 16–17, 28
swch, 23, 30
tafod, 18, 19
yfed, 18, 20, 24–25
ystlumod bach, 14–15, 30

Cydnabyddiaeth

Trin ffotograffau: John Russell

Cydnabyddiaeth lluniau

Mae'r cyhoeddwyr yn ddiolchgar i'r canlynol am ganiatâd i atgynhyrchu deunydd:
© Biosphoto / Dzuiback Franck & Christine 13; © Biosphoto / Mafart-Renodier Alain 1;
© Digital Visions cefndir y clawr; © Frank Harrison 6; © Fred Bruemmer / Still Pictures 2–3;
© Fritz Polking / FLPA 28–29; © Hugh Clark / FLPA 31; © Hugh Maynard / naturepl.com 23;
© Ingo Schulz / Photolibrary.com 12; Geographic Stock 4–5; © Michael Durham / Minden Pictures / National Geographic Stock 4–5; Michael & Patricia Fogden / Minden Pictures / FLPA 24; © Mike Read / naturepl.com 27; © Minden Pictures / Michael Durham 11, 20–21; © NHPA / Stephen Dalton 16–17;
© PetStockBoys / Alamy 19; © Silvestris Fotoservice / FLPA ffotograff y clawr; © Win-Initiative / Getty Images 15.

Cyhoeddwyd gyntaf yn 2006 gan Usborne Publishing Ltd., Usborne House, 83-85 Saffron Hill, London EC1N 8RT.
Cyhoeddwyd gyntaf yng Nghymru yn 2014 gan Wasg Gomer, Llandysul, Ceredigion SA44 4JL.
www.gomer.co.uk
Cyhoeddwyd gyda chefnogaeth Llywodraeth Cymru.
Cedwir pob hawl. Argraffwyd yn China.